30 POWER-HABITS FÜR DISZIPLIN, MOTIVATION UND ERFOLG

WIE SIE IN 14 TAGEN GANZ LEICHT ALTE GEWOHNHEITEN FÜR IMMER DURCHBRECHEN, NEUE INSTALLIEREN UND OHNE ANSTRENUNG ALLE IHRE ZIELE ERREICHEN

Jochen Maybach

1.Auflage 2015

ISBN: 1518834051
ISBN-13: 978-1518834059

HAFTUNGSAUSSCHLUSS

Die Inhalte dieses Buches wurden mit größter Sorgfalt erstellt. Für die Richtigkeit, Vollständigkeit und Aktualität der Inhalte können wir jedoch keine Gewähr übernehmen. Sie spiegeln die persönliche Meinung und Erfahrung des Autors wider. Der Autor übernimmt daher keine juristische Verantwortung oder Haftung für Schäden, die durch eventuelle Fehler oder kontraproduktive Ausübung durch den Leser entstehen. Dieses Buch ist eine Anleitung zu möglichen Erfolgsstrategien und keine Garantie für Erfolge. Der Autor übernimmt daher keine Verantwortung für das Nicht-Erreichen der im Buch beschriebenen Ziele. Dieses Buch enthält Links zu externen Webseiten Dritter, auf deren Inhalte wir keinen Einfluss haben. Deshalb können wir für diese fremden Inhalte auch keine Gewähr übernehmen. Für die Inhalte der verlinkten Seiten ist stets der jeweilige Anbieter oder Betreiber der Seiten verantwortlich. Die verlinkten Seiten wurden zum Zeitpunkt der Verlinkung auf mögliche Rechtsverstöße überprüft. Rechtswidrige Inhalte waren zum Zeitpunkt der Verlinkung nicht erkennbar. Eine permanente inhaltliche Kontrolle der verlinkten Seiten ist jedoch ohne konkrete Anhaltspunkte einer Rechtsverletzung nicht zumutbar. Bei Bekanntwerden von Rechtsverletzungen werden wir derartige Links umgehend entfernen.

INHALTSVERZEICHNIS

KAPITEL 1

POWER HABITS UND SCHLECHTE GEWOHNHEITEN

Hallo, ich heiße Jochen Maybach und als allererstes möchte ich mich bei Ihnen dafür bedanken, dass Sie „30 Power-Habits Für Disziplin, Motivation Und Erfolg“ gekauft haben.

Dieses Buch enthält bewährte Methoden und Techniken, mit denen Sie Ihren Tag, Ihre Arbeit und Ihr Leben so strukturieren, dass Sie alle Aufgaben ganz stressfrei bewältigen können und sich selbst mehr schätzen lernen.

Chronischer Zeit- und Erfolgsdruck zwingen uns dazu, mehr zu tun, als wir erfassen und schaffen können. Die prominenten Folgen davon sind Erschöpfung, Kopfschmerzen, Magengeschwüre und oftmals auch Burnout. Doch oftmals liegen die Lösung und das Problem in uns selbst. In schlechten Gewohnheiten, die meist ganz unbewusst etabliert werden und die schlechten Eigenschaften werden nicht erkannt. Die eigenen Möglichkeiten durch richtige Methoden ins Unermessliche zu steigern und zu verbessern, klingt für viele zu schön, um wahr zu sein. Aber genau so kann es kommen.

Wenn auch Sie unter ständigem Stress leiden und sich noch nachts im Bett den Kopf darüber zerbrechen, wie Sie denn noch alles erledigen sollen, ist dieses Buch genau das Richtige für Sie! Es stellt Ihnen wichtige Taktiken zur

Installierung neuer und Umgewöhnung schlechter Gewohnheiten, sodass Sie alle Aufgaben des Lebens schaffen und Ihre Mitmenschen mehr wertschätzen können. In den folgenden Kapiteln werden Sie erfahren, wie Sie Ihre Aufgaben richtig strukturieren, Prioritäten setzen und schlechte Gewohnheiten erkennen und verändern. Außerdem werden Sie lernen, sich auch selbst wichtig zu nehmen und Zeit für sich einzuplanen, ohne aber andere Projekte vernachlässigen zu müssen.

Lassen Sie uns am beste keine Zeit verlieren und legen wir los! Im folgenden Kapitel stelle ich Ihnen die Relevanz und Bedeutung von produktiven Gewohnheiten vor.

KAPITEL 2

DIE BEDEUTUNG VON GEWOHNHEITEN

Es gibt viele Redewendungen rund um den Begriff Gewohnheiten. Doch was steckt dahinter, wenn es heißt, dass der Mensch ein Gewohnheitstier ist? Was bedeutet Gewohnheit und sind Gewohnheiten gut oder schlecht? Das menschliche Hirn ist ein Meisterwerk und arbeitet ökonomisch. Hier kommen Gewohnheiten oder auf Englisch „habits“ ins Spiel. Denn eine Gewohnheit ist eine Automatisierung von Handlungen durch Wiederholung. Das sind weniger anspruchsvolle Handlungen wie das allmorgendliche Zahnputzritual oder versiertere Handgriffe wie das Häkeln oder Fahrradfahren. Dabei sind das Vorgänge und Rituale, die nach einer gewissen Einübung sogar unbewusst ablaufen. Je nach Lebensstil laufen mehr als 50 Prozent unserer alltäglichen Handlungen unbewusst ab. So ungern Menschen sich das eingestehen, so wahr ist es dennoch, dass viele Handlungen unbewusst und unreflektiert ablaufen. Gewohnheiten sind aber nicht nur Handlungen, sie können auch Denkmuster oder Gefühle sein. Sie unterscheiden sich zudem in ihrer Häufigkeit.

NUTZEN FÜR DAS GEHIRN

Neurobiologen und Psychologen haben in Untersuchungen

festgestellt, dass das Gehirn von Gewohnheiten profitiert. Die Verbindung der Nervenzellen wird gestärkt, wenn sie wieder und wieder genutzt wird. Wenn etwas wiederholt getan wird, automatisiert das Gehirn diesen Vorgang. Fremdsprachenkenntnisse verkümmern, wenn sie nicht regelmäßig aufgefrischt oder genutzt werden. Neurowissenschaftler verorten diese Routinehandlungen im limbischen System. Diese Automatisierung ist für das Gehirn mit weniger Energie und weniger Aufwand für die Nervenzellen verbunden. Das Gehirn belohnt Routinehandlungen mit Belohnungsstoffen, die dem Bewusstsein vermitteln, richtig gehandelt zu haben und sich wohlzufühlen. Der angesehene New York Times-Reporter Charles Duhigg prägte den Begriff Gewohnheitsschleifen für Routinehandlungen. Dabei bestehen Gewohnheiten aus drei Komponenten: Erstens der Auslöser wie eine bestimmte Uhrzeit oder ein bestimmter Ort. Zweitens die daran anknüpfende Routine, die sich als sichtbare Handlung äußert und drittens die daraus resultierende Belohnung.

GUTE UND SCHLECHTE GEWOHNHEITEN

Auch wenn Gewohnheiten den Alltag vereinfachen, haben sie einen schlechten Ruf. „Gewöhnlich" als Begriff hat einen negativen Unterton. Die Redewendung „Die Macht der Gewohnheit" reduziert bestimmte Handlungen auf unreflektierte fast tierische Instinkte und Konditionierung. Gewohnheiten im Denken führen zu erstarrten Meinungen und mangelnder Flexibilität. Wer auf die täglichen Herausforderungen mit eingefahrenen Mustern reagiert, macht sich das Leben zwar komfortabel. Gleichzeitig verliert er aber auch leicht den Blick für neue Möglichkeiten oder kleine Details. Für die persönliche Kreativität können Gewohnheiten einengend sein. Tatsächlich gibt es sowohl positive als auch negative Gewohnheiten. Nützliche Gewohnheiten wie regelmäßiges Üben eines Instrumentes verbessern Fertigkeiten. Jedes Talent, jede Begabung benötigt Training, das zur Gewohnheit wird.

DER EINFLUSS VON GEWOHNHEITEN

Gewohnheiten haben Macht, sie beeinflussen in ihrer Gesamtheit das Leben und die Lebensqualität der Menschen und deren Leistung. Das zeigt sich nicht immer auf den ersten Blick, sondern kann erst Jahre später zutage treten. Ob jemand sich morgens und abends die Zähne putzt, beeinflusst seine Gesundheit ebenso, wie die morgendliche Zigarette eines Rauchers. Genauso verhält es sich auf der Arbeit, im Freundes- und Familienkreis. Nützliche Gewohnheiten führen zu einem glücklichen und erfolgreichen Leben, während unangenehme Angewohnheiten die Lebensqualität lindern können. Eine automatische Reaktion auf bestimmte Auslöser spart Kraft und erleichtert Entscheidungen. Diese Energie lässt sich dann effektiver auf unbekannte neue Situationen anwenden. Eine Gewohnheit kann jedoch auch zu einem übertriebenen Gefühl der Sicherheit und zu Unachtsamkeit führen. Gerade geübte Menschen neigen eher zu Fehlern als diejenigen, die etwas zum ersten Mal machen. Die Schwierigkeit liegt darin, Gewohnheiten zu durchbrechen. Gerade die weniger nützlichen Gewohnheiten, die schlechten Gewohnheiten stehen auf dem Prüfstand. Wer sich seiner Gewohnheiten bewusst wird, kann diese verfeinern, ausbauen oder ändern und sein Verhalten beeinflussen.

DAS ÄNDERN VON GEWOHNHEITEN

Das Ändern von Gewohnheiten verlangt zunächst zu verstehen, wie sie aufgebaut sind. Wer die Auslöser für eine Handlung erkennt, kann auf diese mit einer nützlicheren Handlung reagieren und sich schlechte Angewohnheiten abgewöhnen. Zudem ist es schwieriger, eine Gewohnheit ersatzlos zu streichen, als sie durch eine nützlichere zu ersetzen. Mit der richtigen Einstellung und Motivation ist es jedoch möglich, schlechte Angewohnheiten abzulegen und nützliche auszubilden. Dafür reichen selten kurze Motivationsschübe wie ein Neujahrsvorsatz. Um nützliche Gewohnheiten aufzubauen, bedarf es einer ernsthaften Entscheidung und stetiges Wiederholen. Wenn sich diese nützlichen Gewohnheiten zu einer Routine entwickelt haben, werden diese langfristig die Lebensqualität verbessern. Viele erfolgreiche Menschen können ihren Erfolg nicht nur auf Glück oder Wissen zurückführen, sondern vor allem auf nützliche Gewohnheiten. Je nach den gesetzten Zielen lassen sich bestimmte Gewohnheiten wie Proaktivität oder effektives Zeitmanagement fördern. Ein wichtiger Schritt hin zu den gewünschten Gewohnheiten ist zunächst die bewusste Bestandsaufnahme der persönlichen Gewohnheiten und das Prüfen dieser auf ihre Nützlichkeit hin.

KAPITEL 3

SEINE PERSÖNLICHEN GEWOHNHEITEN VERSTEHEN UND ERKENNEN

Wer seine Gewohnheiten ändern möchte, hat den wichtigsten Schritt gemacht: Einen Entschluss gefasst. Denn am Anfang steht die Entscheidung. Um sich und seine Gewohnheiten zu ändern, muss der Wille dazu vorhanden sein. Dabei ist es unnötig, sich einen speziellen Tag wie Neujahr herauszusuchen. Wer die Motivation und den Wunsch hat, sein Leben durch das Ablegen von Gewohnheiten zu verbessern, sollte es sofort angehen. Als Nächstes ist es nötig, die eigenen Gewohnheiten zu erkennen und zu verstehen. Am besten ist es, eine Liste mit den eigenen Gewohnheiten anzufertigen. Die Liste der persönlichen Gewohnheiten lässt sich am leichtesten durch eine Analyse des Alltags erstellen. Diese Analyse umfasst sowohl den Arbeitsalltag als auch die Gewohnheiten, die während der Freizeit auftreten. In welchen Situationen treten welche Gewohnheiten auf? Welche dieser Gewohnheiten sind nützlich und zielführend? Welche hingegen sind unnötig und hinderlich? Gute Gewohnheiten können gestärkt und ausgebaut werden. Die schlechten Gewohnheiten sollten angepackt werden. Sie kommen am besten auf eine separate Liste. So lässt sich leichter entscheiden, welche dieser Angewohnheiten am besten zu beeinflussen sind. Diejenigen Gewohnheiten, die für den eigenen Erfolg und die eigene Zufriedenheit am wenigsten förderlich sind, gilt es zu verändern. Wer sie markiert, kann sich einen Überblick verschaffen. Eine weitere Möglichkeit ist es, sich eine Angewohnheit zu wählen, die leicht durch eine andere zu ersetzen ist. So lassen sich schnell Erfolge feststellen und motivieren zu weiteren Veränderungen. Aber ein Scheitern ist nicht über zu bewerten. Rückfälle können vorkommen, das steht nicht für ein vollkommenes Versagen. Ein einmaliges Rückfallen in schlechte Gewohnheiten verdeutlicht, dass es Arbeit und Aufwand voraussetzt, sich zu ändern.

SCHRITT FÜR SCHRITT

Wer diese Liste erstellt hat, empfindet vielleicht eine Ohnmacht gegenüber den vielen gewünschten Veränderungen. Doch die Lösung ist simpel: Schritt für Schritt. Am Anfang ist die Motivation besonders groß, doch wer sich zu viel auf einmal vornimmt, kann leichter scheitern. Es ist ratsam, sich für eine Gewohnheit zu entscheiden, die besonders schlecht erscheint und diese als Erstes anzugehen. Dabei ist es hilfreich, zu verstehen, welcher Auslöser zu dieser Gewohnheit führt. Wer die Ursache einer Gewohnheit versteht, kann sich angewöhnen, auf den Auslöser anders zu reagieren. Ist es eine bestimmte Tageszeit, ein Ort, eine Emotion, eine Handlung oder eine Person, die den Automatismus hervorruft? Wer versteht, dass sich Gewohnheiten aus Auslöser, Ritual und Belohnung zusammensetzen, kann für jede schlechte Gewohnheit eine neue Routine einbauen. Diese führt zu mehr Effektivität und Lebensqualität. Für viele ist Stress ein Auslöser für mangelndes Zeitmanagement, Multitasking oder Unhöflichkeit. Diese schlechten Angewohnheiten haben den gleichen Auslöser und können gemeinsam angegangen werden. Am einfachsten ist es, eine Gewohnheit nicht aufzugeben, sondern sie gegen eine neue, bessere einzutauschen. Ein weiterer Schritt ist, sich vorzustellen, welche Gewohnheit durch was ersetzt werden soll. Je präziser die Vorstellung umso leichter lässt sie sich realisieren.

KAPITEL 4

30 NÜTZLICHE GEWOHNHEITEN

Wer seine schlechten Gewohnheiten erkannt und die Entscheidung zur Besserung gefasst hat, braucht nützliche Gewohnheiten, die die schlechten ersetzen. Power-Habits sind die ideale Lösung. Denn sie zeichnen sich dadurch aus, dass sie Stress reduzieren und die Balance zwischen Arbeit und Leben erleichtern. Im Folgenden sind 30 Power-Habits aufgeführt, die Erfolg und Zufriedenheit unterstützen.

ZEITMANAGEMENT

Stress resultiert oft aus einer zu hohen Arbeitsbelastung. Doch mit einer effektiven Zeitplanung lässt sich Ordnung in die zu bewältigende Arbeitslast bringen. Eine effektive Methode ist eine konkrete Tagesplanung. Sie ist empfehlenswert für diejenigen, die den Eindruck haben, die ihnen gestellten Aufgaben nicht rechtzeitig bewältigen zu können. Diese sollte die Arbeitsaufgaben auflisten und in Teilziele zerlegen. Zudem sollte immer ein Puffer für spontan anfallende Aufgaben bedacht werden. Wer kurzfristig kleinere Aufgaben sofort erledigt, hat diese auch nicht mehr im Hinterkopf und kann sich auf das Wesentliche konzentrieren. Eine gute Faustregel ist, was in weniger als zwei Minuten erledigt werden kann, sollte sofort angegangen werden.

PRIORITÄTEN SETZEN

Wer alles zugleich bewältigen will, verliert sich in Kleinigkeiten. Wer im Arbeitsleben oder in seiner Freizeit Prioritäten setzt, konzentriert sich auf die wichtigen Aufgaben. Eine nützliche Gewohnheit ist es, sich die anfallenden Aufgaben danach einzuteilen, wie dringend und wichtig sie sind. Ein gutes Einteilungsschema ist so einfach wie möglich. Welche Aufgaben sind am dringendsten abzuarbeiten? Diese sind als erstes zu bewältigen und abzuarbeiten.

SELBSTORGANISATION

Ein organisiertes Herangehen an die Arbeit verschafft Klarheit und Erfolg. Eine überaus nützliche Gewohnheit sind To-do-Listen, die einen Überblick verschaffen, was am Tag ansteht. Ein Kalender mit anfallenden Terminen ergänzt diese täglichen Listen ideal. Dabei ist darauf zu achten, sich nicht zu überfordern. Wer die Aufgaben nach Prioritäten sortiert und bestimmte Aufgaben als optional ansetzt, schafft am Ende des Tages die wichtigen Aufgaben. Jede zusätzlich erledigte Aufgabe sorgt zudem für ein Erfolgserlebnis. Wer eine Zeit lang Pläne führt, wird es sich automatisch zur Gewohnheit machen, Zeitfresser entdecken und diese besser im Tagesablauf einplanen können. Das Erreichen täglicher Teilerfolge steigert zudem die Arbeitsmotivation.

DEN TAG PLANEN

Wer seinen Tag am Morgen plant, verliert nicht so leicht den Überblick. Am besten ist es, sich mit dem Morgenkaffee in Ruhe hinzusetzen und schriftlich zu fixieren, welche Termine und Aufgaben im Laufe des Tages anstehen. Dazu eignen sich Kalender, Notizbücher oder auch elektronische Hilfen wie eine App oder der Outlook-Kalender. Sich Termine und Informationen aufzuschreiben, sorgt für einen genauen Überblick und entlastet das Gedächtnis. Wer dann am Ende des Abends ein Fazit zieht, kann zusätzlich Schwachstellen in der persönlichen Planung nachvollziehen und mit dem Tag abschließen.

DAS SCHWERSTE ZUERST

Studien haben gezeigt, dass die Energie am Anfang des Tages am höchsten ist. Natürlich ist bei jedem Menschen die Leistungskurve unterschiedlich. Wer es sich allerdings zur Gewohnheit macht, die schwersten oder unangenehmsten Tätigkeiten seines aktuellen Arbeitstages zuerst zu erledigen, wird sich frei für neue Aufgaben fühlen und hat seine Motivation effektiv genutzt. Eine Hilfe dabei kann eine Top-3-Liste sein.

AUSREICHEND SCHLAF

Viele Menschen unterschätzen die Bedeutung von genügend Schlaf. Dabei ist wissenschaftlich nachgewiesen, dass Schlaf nicht nur von enormer Bedeutung für die Gesundheit ist, sondern auch für den beruflichen Erfolg. Wer viel arbeitet, braucht genügend Schlaf, um die Kraftreserven wieder aufzufüllen. Schlechter und zu wenig Schlaf führt zu geringeren Leistungen. Dabei ist die benötigte Menge an gutem Schlaf von Mensch zu Mensch unterschiedlich. Müde Menschen sollten es sich zur Gewohnheit machen, mehr zu schlafen. Eine gute Richtlinie sind sieben bis acht Stunden. Wer sich jedoch mit sechs Stunden den ganzen Tag über fit fühlt, sollte nicht länger schlafen, da zu viel Schlaf schlappmacht.

ZUVERLÄSSIGKEIT

Es ist unwichtig, wie fähig und talentiert jemand ist, wenn er nicht zuverlässig ist, wird er keinen Erfolg haben. Zuverlässigkeit gehört zu den Dingen, die nicht Bestandteil des Lehrplans von Schulen sind, aber dennoch vorausgesetzt werden. Wer Zusagen nicht einhält, wer nicht erreichbar ist oder regelmäßig ungenau arbeitet, ist nicht zuverlässig. Wer es sich zur Gewohnheit macht, zeitnah auf E-Mails und Nachrichten zu reagieren, wird zufriedener sein. Wer Absprachen nicht einhalten kann, aber Kollegen oder Auftraggeber davon sofort in Kenntnis setzt und zu seinen Fehlern steht, wird nicht tagelang mit einem schlechten Gewissen hadern. Langfristig sichert Zuverlässigkeit auf der Arbeit Erfolg und im Leben Freunde.

NEUES AUSPROBIEREN

Wer Neues ausprobiert, wächst mit diesen Erfahrungen, lernt neue Menschen kennen und entdeckt im Idealfall ungeahnte Fähigkeiten. Es ist nachvollziehbar, bewährte

Methoden anzuwenden und in der eigenen Komfortzone zu bleiben. Wer es sich jedoch zur Gewohnheit macht, Neues auszuprobieren, stärkt sein Selbstbewusstsein und öffnet sich dadurch neuen Möglichkeiten hin zu einem erfolgreichen zufriedenen Leben.

GESUNDE ERNÄHRUNG

Dass gesunde ausgewogene Ernährung das A und O für ein gesundes langes Leben ist, ist jedem klar. Aber vielen fällt es schwer an einem stressigen Arbeitstag zwischen Tür und Angel, zwischen E-Mails-Schreiben und Meetings auch noch auf die richtige Ernährung zu achten. Wer sich schlecht ernährt, wird schneller krank und schlapp. Eine sehr nützliche Gewohnheit ist es, sich zur Arbeit fünf Portionen Obst und Gemüse mitzunehmen. Wer diese regelmäßig isst, gewöhnt sich von selbst eine ausgewogene Ernährung an und wird bei kommenden Mittagspausen seltener zu den schnellen Pommes greifen und mehr zu dem Salat. Ein guter Energielieferant sind Nüsse, die bei Heißhungerattacken lang anhaltende Energie liefern. Ein weiterer Aspekt ist, dass viele Menschen zu wenig trinken. Wer sich eine Flasche Wasser bereitstellt und sich vornimmt, diese am Ende des Arbeitstages geleert zu haben, sorgt für einen gesunden Körper.

FERNSEHKONSUM EINSCHRÄNKEN

Bei vielen Menschen ist es zum Feierabend selbstverständlich, Fernsehen zu schauen. Aus einem lieb gewonnenen und vermeintlich entspannenden Ritual wird eine

Dauerberieselung ohne Sinn. Die Zeit, die beim Fernsehen schauen verschwendet wird, lässt sich effektiver für die Familie, Freunde, ein Hobby oder für Sport nutzen. Wer es sich zur Gewohnheit macht, achtsam Fernsehen zu sehen, sich nur auf die Nachrichten oder Lieblingssendungen zu beschränken, wird merken, dass für viele Vorhaben und Pläne mehr Zeit bleibt und ist trotzdem entspannt.

PAUSEN WÄHREND DER ARBEIT

Pausen oder kleine Time-outs während der Arbeit sorgen für einen Energieschub. Nach einer kleinen Auszeit lässt es sich konzentrierter und effektiver arbeiten. Auch wenn es sich zunächst danach anhört, als würde im eng geplanten Arbeitsalltag durch Pausen zusätzlich Zeit verschwendet, wird die Effizienz dadurch gesteigert. Wer effizient arbeitet, spart Zeit. Wer darauf achtet, kleine Pausen in seinen Arbeitstag einzubauen, profitiert. Dabei reicht schon eine Auszeit von fünf Minuten, vielleicht um bewusst einen Kaffee zu trinken oder durch einen Streifzug durch das Büro wieder den Körper in Schwung zu bringen. Eine nützliche Gewohnheit ist es, nach etwa 90 Minuten konzentrierter Arbeit eine kleine Pause einzulegen und dann mit neuer Energie weiterzuarbeiten.

NEIN SAGEN

Um erfolgreich zu sein, benötigt es die richtigen Entscheidungen und eine konsequente Zielverfolgung. Das beinhaltet auch, nein zu sagen. Eine sehr nützliche Angewohnheit, um zielorientiert zu arbeiten, sind Not-To-do-Listen. Wer sich notiert, welche Aufgaben sich leicht delegieren lassen oder welche nicht zielführend sind, lernt nein zu sagen und verschwendet seine Zeit nicht mit unnötigen Aufgaben. Auch um seine persönliche Arbeitsbelastung im Rahmen des Möglichen zu halten, ist es nötig, zu lernen, nein zu sagen.

DANKBARKEIT

Mittlerweile ist vielen Glücksforschern klar, dass Dankbarkeit der einfachste Weg zu mehr Zufriedenheit ist. Doch ebenso hilft das Angewöhnen von Dankbarkeit beim erfolgreich sein. Wer lernt, für kleine Erfolge und Erlebnisse dankbar zu sein, ist zufriedener und glücklicher. Wer seine Dankbarkeit zudem zeigt, sorgt für ein gutes Miteinander und stärkt seine sozialen Kompetenzen. Eine leichte Übung für mehr Dankbarkeit ist das Notieren von Punkten, die einem dankbar machen. Das können einfache Sachen sein, wie der leckere und belebende Kaffee, den der Kollege ausgegeben hat oder die Gesundheit des eigenen Körpers oder auch komplexe Dinge, wie der erfolgreiche Abschluss des letzten Arbeitsprojekts oder das klärende Gespräch mit den Nachbarn.

GESUNDER LEBENSSTIL

Um erfolgreich und leistungsstark zu sein und seine Ziele verfolgen zu können, ist ein gesunder Körper, der bei anstrengenden Aufgaben mitspielt unabdingbar. Ein gesunder Lebensstil klingt anstrengend, denn es bedeutet auf seine Ernährung, auf genügend Bewegung und Vorsorge zu achten. Wer sich diese Punkte jedoch angewöhnt, vollzieht sie automatisch, ohne dass es Mühe bereitet. Eine gesunde Gewohnheit ohne intensiven Aufwand ist das Aufnehmen von 30 Minuten Bewegung am Tag. Das muss kein Fitnesskurs sein, es reicht ein Spaziergang oder das Treppennehmen anstatt des Fahrstuhls. Ein weiterer Vorteil ist, dass bei einem Spaziergang nach der Arbeit der Kopf frei wird von belastenden Gedanken und so der Feierabend nur für die Familie, Freunde oder einem Selbst da ist.

TAGEBUCH FÜHREN

Was zunächst nach Kindheitserinnerungen und albernen Pubertätsträumen klingt, hilft auch Erwachsenen weiter: Ein Tagebuch zu führen, sorgt für Klarheit. Probleme lassen sich erkennen und angehen, wenn sie erst einmal schriftlich fixiert sind. Ein Erfolgstagebuch unterstützt dabei, seine Ziele zu verfolgen, Schwachstellen im Plan aufzudecken oder Schritte zu hinterfragen. Am effektivsten ist es, mit dem Tagebuch den Tag abzuschließen. So lässt es sich leichter und unbeschwerter einschlafen, da keine unbewältigten Probleme die Gedankengänge belasten.

ERFOLGE UND SCHEITERN BEOBACHTEN

Wer sich seiner Leistungen und Fehler bewusst ist, kann seine Stärken besser einsetzen und seine Schwächen angehen. Daher ist es eine nützliche Gewohnheit, Erfolge und auch Misserfolge zu beobachten und zu notieren. Die

Erfolge sorgen für Zufriedenheit und Dankbarkeit. Die Misserfolge helfen dabei, die eigenen Schwächen aufzudecken und es beim nächsten Versuch anders anzugehen. Aber auch das Scheitern an sich wird durch dessen Dokumentation besser bewältigt, zum einen ist Scheitern menschlich, denn niemand kann perfekt sein, zum anderen ist es im persönlichen Zusammenhang gesehen, im besten Falle kein Scheitern, sondern nur eine Chance sein Verhalten oder seine Gewohnheiten zu ändern.

ZIELE VISUALISIEREN

Das Visualisieren von Zielen gilt als effektivste Motivationstechnik, um seine Wünsche zu erreichen. Wer sich sein Ziel konkret vorstellt, sich ein Bild davon macht, verankert das Streben danach in seinem Unterbewusstsein und kann den Weg dahin motivierter verfolgen. Um erfolgreich bei der Umsetzung der geplanten Ziele zu sein, ist es eine nützliche Gewohnheit, das jeweilige Ziel morgens und abends zu visualisieren. Das kann in Form eines gedanklichen Bildes sein, aber auch ganz real in Form einer Fotomontage, die angeschaut wird.

EINKLANG VON ARBEITS- UND PRIVATLEBEN

Wer Arbeit, Familie und Freunde im Gleichgewicht hält, erreicht mehr. Work-Life-Balance ist von zentraler Bedeutung, um sich selbst nicht zu überfordern, aber auch um die eigene Zufriedenheit zu sichern. Wer Arbeitsprobleme mit nach Hause trägt, ist auch zu Hause gestresst. Wer hingegen auf Arbeit über seine Familienprobleme grübelt, arbeitet ungenau. Wie genau die richtige Work-Life-Balance aussieht, ist eine persönliche Einstellung. Es gibt Personen, für die der Beruf Priorität hat, für andere ist die Familie wichtiger. Eine gute Gewohnheit ist, sich regelmäßig einen Überblick darüber zu verschaffen, ob ein persönlich empfundenes Gleichgewicht zwischen Arbeit und Privatleben herrscht und falls nicht Gegenmaßnahmen festzulegen.

FRÜH AUFSTEHEN

Der frühe Vogel fängt den Wurm? Das Geheimnis vieler erfolgreicher Manager ist, dass sie ihren Tag schon in den frühen Morgenstunden starten. Wer früh aufsteht, hat morgens mehr Zeit für sich und seine Familie und kann gerade in den frühen Arbeitsstunden meist ohne Störungen arbeiten. Wer eine Woche lang versucht, früh aufzustehen, wird schnell feststellen, wie viel vom Tag plötzlich zur Verfügung steht und der Körper passt sich innerhalb kurzer Zeit an das frühe Aufstehen an.

SICH SELBST PFLEGEN

Erfolgreiche Menschen wissen sich selbst und ihre Leistungen zu schätzen und auch auf ihre eigenen Bedürfnisse zu achten. Eine wichtige Gewohnheit für das eigene Selbstbewusstsein sind Verabredungen mit sich selbst. Das kann ein Abend mit einem guten Buch, ein guter Film oder ein entspannendes Bad sein. Wer seine eigenen Bedürfnisse nicht ernst nimmt, kann auch auf die der anderen nicht eingehen. Daher sollte die Freizeit auch dafür genutzt werden, sich selbst zu pflegen und sich ab und zu nur für sich Zeit zu nehmen.

WEITERBILDEN

In vielen Berufen gehört ein lebenslanges Lernen zur Selbstverständlichkeit. Aber auch wer eine feste Stellung ohne Weiterbildungsnotwendigkeit hat, sollte es sich zur Gewohnheit machen, Weiterbildungen oder Zusatzqualifikationen in Betracht zu ziehen und zu besuchen. Sie sind eine Möglichkeit für das Vorantreiben des beruflichen Erfolges. Durch Weiterbildungen lassen sich neue Fähigkeiten erwerben und sie stärken das Selbstbewusstsein.

AUF DEM LAUFENDEN BLEIBEN

Wer über Aktualitäten informiert ist, kann seine Entscheidungen darauf hin ausrichten und punktet durch das Fachwissen im Job. Eine nützliche Gewohnheit ist es, regelmäßig Zeitung zu lesen, Radionachrichten zu hören oder Newsletter zu relevanten Themen zu abonnieren. Eine Zeitung unterstützt beim regulären Alltag, informiert über die Behinderungen auf dem Arbeitsweg und stellt die aktuellsten Entwicklungen komprimiert dar, denn in der Informationsflut des Internets lässt sich leicht der Überblick verlieren. Newsletter hingegen sind fachspezifisch und können helfen, bei berufsrelevanten Entwicklungen auf dem Laufenden zu bleiben.

KEIN MULTITASKING MACHEN

Die Versuchung ist immer groß neben dem Telefonat noch schnell eine E-Mail zu beantworten. Aber das verursacht nur Flüchtigkeitsfehler. Die Zeit, die sich angeblich durch das Bearbeiten von verschiedenen Aufgaben gleichzeitig, angeblich einsparen lässt, wird dann dazu benötigt, Fehler auszugleichen oder das Telefonat richtig zu erinnern. Eine unerlässliche Gewohnheit um Stress zu vermeiden, ist daher wirklich nur eine Aufgabe anzugehen. Wer konzentriert eine Aufgabe bearbeitet, wird zudem schneller fertig sein, als wenn er nebenbei noch anderen Anliegen nachgeht.

PRODUKTIVITÄT STEIGERN

Wer produktiv arbeitet, schafft mehr. Produktivität ist leicht zu erreichen mit einer strukturierten Arbeitsweise. Mit To-do-Listen und sorgfältigen Tagesplänen lässt sich die Produktivität auf Arbeit einfach steigern. Eine weitere wichtige Gewohnheit, die erfolgreiche Menschen nutzen, um produktiv zu arbeiten, ist das Vermeiden von Ablenkungen und das Schaffen von Ruhe. Wer konzentriert ohne Ablenkungen arbeitet, ist produktiv.

SELBSTBEWUSSTER SEIN

Auch wenn Selbstbewusstsein häufig mit forschem und extrovertiertem Verhalten assoziiert wird, bedeutet es eigentlich nur, dass eine selbstbewusste Person weiß, was sie kann und erreichen will. Wer Vertrauen in sich selbst und seine Fähigkeiten setzt, erreicht seine Ziele. Es gibt verschiedene Möglichkeiten sein Selbstbewusstsein zu stärken. Eine einfache Gewohnheit, mit der sich leicht das Selbstbewusstsein fördern lässt, ist das Auftreten. Eine gerade Haltung und ein Lächeln signalisieren dem Gegenüber Selbstsicherheit. Wer dazu neigt, sich mit anderen zu vergleichen, sollte diese Gewohnheit ablegen. Denn Vergleiche sind demotivierend. Zudem sind sie irreführend, denn jeder Mensch ist in seinen Erfahrungen und Fähigkeiten einzigartig.

BELOHNUNGEN

Wer etwas erreichen will, ob nun ein bestimmtes Ziel oder das Ablegen einer Gewohnheit, kommt nicht ohne Belohnung aus. Das Prinzip einer Gewohnheit besteht darin, dass sie in einer Belohnung endet, das kann eine Zeitersparnis oder eine Pause sein. Das bedeutet, dass auch nach dem Ablegen einer schlechten Gewohnheit eine Belohnung als Ziel angesetzt werden sollte. Nach dem Erreichen eines Teilerfolgs sollte immer eine kleine Belohnung stehen. Wie diese genau aussieht, ob es nun ein Stück Schokolade oder das lang ersehnte Kleidungsstück ist, hängt von den persönlichen Vorlieben ab. Hauptsache ist, dass das Gehirn Belohnungsstoffe ausschüttet und so die Arbeit am Ziel mit etwas Positiven verknüpft. Denn nur so lässt sich Motivation aufrechterhalten.

FREUNDLICHKEIT UND EMPATHIE

Wer es sich zur Gewohnheit macht, freundlich und einfühlsam zu sein, kommt weiter. Wer erfolgreich sein möchte, für den lohnt es sich, freundlich zu sein. Sicherlich lassen sich mit Durchsetzungsfähigkeit oder Kompromisslosigkeit auch Erfolge erzielen. Mit ehrlichen freundlichen Worten gegenüber Vorgesetzten und Kollegen und ernst gemeintem Interesse an ihnen, entsteht ein gutes Arbeitsklima ohne Missgunst. Dabei ist es nicht nur die Zusammenarbeit, die durch ein freundliches Verhalten gefördert wird, denn wer zu anderen freundlich ist, fühlt sich auch selbst besser.

NETZWERKEN

Beruflicher Erfolg resultiert in vielen Fällen aus Beziehungen. Wer die richtigen Leute kennt, erfährt schneller von beruflichen Chancen, wird weiter empfohlen und hat den Vorteil bei Problemlösungen vielleicht genau den richtigen Mann oder die richtige Frau dafür zu kennen. Eine nützliche Gewohnheit, um richtig zu netzwerken, ist eine gut gepflegte Kontaktdatenbank. Aber auch Fachtagungen oder Treffen von Berufsverbänden sind gute Möglichkeiten, um die richtigen Beziehungen aufzubauen. Dabei müssen sich die Gespräche nicht nur um Berufliches drehen, sondern können sich auch auf Small Talk beschränken.

PROAKTIV SEIN

Wer immer nur auf die richtige Chance wartet und sie nicht einfach ergreift, verpasst den beruflichen Erfolg. Proaktivität bedeutet, selbst die Initiative zu ergreifen und nicht nur zu reagieren. Daher ist es wichtig, sich anzugewöhnen, an den eigenen Einfluss zu glauben und vorausschauend zu handeln. Wer etwas von sich aus angeht, hat es auch selbst in der Hand und beeinflusst dadurch seine Möglichkeiten.

NICHT AUFGEBEN

Es ist wichtig, sich von Misserfolgen und Fehlern nicht abschrecken zu lassen. Wer aufgibt, steht still. Wer jedoch aus seinen Fehlern lernt, sie analysiert, um Schwächen zu entdecken, die sich korrigieren lassen, erreicht seine Ziele und ist erfolgreich. Wer bei Misserfolgen ans Aufgeben denkt, sollte es sich zur Gewohnheit machen, mit einfachen erreichbaren Zielen zu beginnen und sich langsam aber Schritt für Schritt zu seinem großen Ziel vorzuarbeiten.

KAPITEL 5

WENN-DANN-PLÄNE: EINE EFFEKTIVE PLANUNGSSTRATEGIE AUS DER MOTIVATIONSPSYCHOLOGIE

Ohne ein bestimmtes Ziel vor den Augen zu haben, wird jedes Handeln beliebig. Der Mensch braucht herausfordernde Ziele, um sich weiterzuentwickeln. Wer erfolgreich sein möchte, setzt sich bestimmte Ziele, um sich durch deren Erreichen zu motivieren. Doch die Schwierigkeit liegt in der Umsetzung und die Frage, auf welche Art und Weise das Ziel erreicht werden kann. Die Motivationspsychologie und im speziellen renommierte Motivationspsychologen wie Peter Gollwitzer haben untersucht, wie sich Ziele noch leichter umsetzen und im Bewusstsein implementieren lassen. Als sehr erfolgreich haben sich dabei Wenn-Dann-Pläne erwiesen, die auch als Vorsätze oder Durchführungsintentionen bekannt sind. Das Prinzip von Wenn-Dann-Plänen ist, dass die geplanten Ziele gedanklich vorweggenommen und um ein zielgerichtetes Verhalten ergänzt werden. Verschiedene Studien haben nachgewiesen, dass sich die Chancen erhöhen, ein gesetztes Ziel zu erreichen, wenn dieses mit Wenn-Dann-Plänen ergänzt wird. Dabei bilden Wenn-Dann-Pläne nur ein strategisches Hilfsmittel, um das Ziel zu erreichen. Durch sie lässt sich ein förderndes Verhalten planen, das auf spezifische Situationen abgestimmt ist. Dieses fördernde Verhalten bezieht sich dabei auf Ablenkungen oder Hindernisse, die beim Erreichen des anvisierten Zieles auftreten können. Dabei ähnelt das Prinzip der Automatisierung von Wenn-Dann-Plänen einer Gewohnheit. Der Unterschied besteht allerdings darin, dass sich Wenn-Dann-Pläne ohne Wiederholung festsetzen. Da Wenn-Dann-Pläne von der Wirkungsweise den Gewohnheiten ähneln, eignen sie sich auch um alte Gewohnheiten auszutauschen oder neue aufzubauen.

SO FUNKTIONIEREN WENN-DANN-PLÄNE

Ein Wenn-Dann-Plan ist auf dem ersten Blick einfach aufgebaut. Um seine Ziele zu erreichen, benötigt es ein bestimmtes Verhalten. Mit Wenn-Dann-Plänen wird Erfolg versprechendes Verhalten angestrebt. Das bedeutet, dass sich vorgestellt wird, wie in bestimmten Situationen zu handeln ist: Wenn diese vorgestellte Situation eintritt, soll mit diesem vorgestellten Verhalten reagiert werden. Dabei wird überlegt, wie in einer Situation oder unter welcher Bedingung richtig zu reagieren ist. Diese Situationen betreffen nicht nur Arbeitssituationen, sodass Wenn-Dann-Pläne auch geeignet sind, um soziale Ziele zu verfolgen. Auch wenn Wenn-Dann-Pläne das Erreichen von Zielen erleichtern, ist es dennoch nötig, dass sich die handelnde Person auf ein Ziel festlegt und dieses ernsthaft anstrebt. Die Effektivität von Wenn-Dann-Plänen ist auf psychologische Prozesse zurückzuführen. Wer sich intensiv mit den Wenn- und Dann-Teilen beschäftigt, archiviert in seinem Bewusstsein eine automatische Reaktion bei bestimmten Reizen. Das Gedächtnis wird in Hinblick auf die vorgestellte Situation stimuliert, die Aufmerksamkeit geschult und in letzter Konsequenz lässt sich die Situation leichter wahrnehmen, wenn sie eintritt. Ohne einen Wenn-Dann-Plan können so Chancen leicht übersehen werden.

SO WERDEN WENN-DANN-PLÄNE UMGESETZT

Um einen Wenn-Dann-Plan aktiv umsetzen, reicht es, sich konzentriert seine persönliche Wenn-Situation mit dem entsprechenden Dann-Verhalten vorzustellen. Dabei sollte die Situation, die ein bestimmtes Verhalten hervorrufen soll, so genau und differenziert wie möglich gedacht werden. Umso präziser die Situation vorgestellt wird, umso besser wird sie im Gedächtnis verankert. Diese Präzisierung führt jedoch auch dazu, dass die Situation im Zweifelsfall sehr selten auftritt. Daher ist vom persönlichen Ansatz und Ziel her abzuwägen, wie genau der Wenn-Dann-Plan formuliert wird. Wichtig ist bei diesem Entwurf dennoch, dass der Auslöser für das gewünschte Handeln noch zu erkennen und nicht zu allgemein entworfen ist. Im Gegensatz zu Gewohnheiten müssen Wenn-Dann-Pläne nicht immer wieder abgerufen werden, um sich im Bewusstsein festzusetzen. Als besonders effektiv hat sich das Aufschreiben der persönlichen Ziele erwiesen. Denn das Notieren seines Ziels und des dazugehörigen Wenn-Dann-Plans benötigt ein konzentriertes Auseinandersetzen mit dem zu erreichenden Ziel, möglicherweise auftretenden Hindernissen und deren Bewältigung. Durch das anschließende Aufschreiben des Plans bleibt er besser im Gedächtnis erhalten. Je nach Persönlichkeit reicht es auch, den Wenn-Dann-Plan mental zu wiederholen oder ihn laut auszusprechen.

DER VORTEIL VON WENN-DANN-PLÄNEN

Der Vorteil ist, dass Wenn-Dann-Pläne es vereinfachen, sich in bestimmten Situationen so zu verhalten, dass es zielführend ist. Das richtige Verhalten erfolgt durch die auslösende Situation automatisch. Die handelnde Person muss das richtige Verhalten nicht noch lange abwägen und ist nicht von momentanen Emotionen oder Stresssituationen abhängig. So wird das Rückfallen in alte schlechte Gewohnheiten vermieden. Wenn-Dann-Pläne sind daher besonders dann zu empfehlen, wenn es darum geht, ein bestimmtes Verhalten gerade in schwierigen und stressigen Situationen einzuhalten. Da das Durchspielen von möglichen Situationen und das letztendliche Formulieren eines Wenn-Dann-Plans dazu führen, dass das Gedächtnis stimuliert wird, eignen sich diese Pläne auch sehr gut bei minimalen Verhaltensweisen, die leicht zu vergessen sind.

KAPITEL 6

GEWOHNHEITEN IN WENN-DANN-PLÄNE UMWANDELN

Um eine Gewohnheit zu ändern, ist der erste Schritt der Entschluss. Als Zweites folgt das Aufdecken der Auslöser der Gewohnheit. Nachdem dies vollzogen ist, liegt die Überlegung nahe, die schlechten Gewohnheiten abzulegen und durch gute zu ersetzen. Warum dann nicht gleich die gute Gewohnheit in einen Wenn-Dann-Plan umwandeln? Denn um eine Gewohnheit zu entwickeln, muss die Routine wiederholt bewusst ausgeführt werden. Zudem lässt sich durch dieses stetige Wiederholen immer nur eine Gewohnheit ändern. Bei einem Wenn-Dann-Plan hingegen reicht eine einmalige Verankerung.

GEWOHNHEITEN IN WENN-DANN-PLÄNE UMWANDELN

Wer sich seine erwünschten Gewohnheiten in Wenn-Dann-Pläne zusammenfasst, wird schnell Erfolge erzielen, denn dann geht es nicht mehr darum, schwer abzulegende Verhaltensweisen zu korrigieren, sondern nur auf bestimmte Auslöser mit einer bestimmten Reaktion zu reagieren. Das Ziel ist jetzt nicht mehr mit dem Zeitaufwand verbunden, eine neue Gewohnheit zu installieren, es geht vielmehr darum, sich ein Verhaltensziel zu setzen, das durch einen Wenn-Dann-Plan erreicht wird. Das Prinzip ist sich einen Wenn-Dann-Plan aufzustellen und ihn dann zu visualisieren. Dabei ist darauf zu achten, die Wenns- und Danns- genau zu definieren. Wer sich mehr bewegen will, knüpft das an eine bestimmte Situation mit der Formel „Wenn ich den Bahnhof erreiche, nehme ich die Treppe ...“, wer hingegen lernen will, nein zu sagen, passt die Formel an: „Wenn Kollege XY fragt, ob ich XY übernehme, sage ich nein...“ Je nach gewünschtem Ziel lassen sich die Wenn-Dann-Pläne anpassen. Ihre Effektivität steigert sich, wenn das gewünschte Verhalten an eine Handlung geknüpft ist.

MIT EINEM MOTTO WIRD ES EINFACHER

Um Ziele zu erreichen, braucht es den Entschluss, einen Termin und ein gutes Motto. Wer sein Ziel in ein Motto formuliert, verankert es besser im Gedächtnis. Ein gutes Motto ist positiv formuliert und selbstbestimmt. Ein Wenn-Dann-Plan ist ein ideales Motto, da die Entscheidung wie die Reaktion in einer bestimmten Situation auszusehen hat, von einem selbst bestimmt wird. Nachdem die Gewohnheiten in ein Wenn-Dann-Motto umformuliert wurden, sollten sie niedergeschrieben werden. Die Ausformulierung des Mottos und das Niederschreiben verankern das Ziel im Gedächtnis und vereinfachen die Realisierung.

KAPITEL 7

UMSETZUNG DER ZIELE INNERHALB VON 14 TAGEN

Der Entschluss ist gefasst: Mehr Erfolg durch nützliche Gewohnheiten. Nützliche Gewohnheiten lassen sich noch effektiver und schneller aneignen, wenn sie in Wenn-Dann-Pläne umgewandelt und in ein einfaches Motto verpackt werden. Doch Ziele brauchen einen Termin. Es heißt, dass ein Ziel ohne Termin seinen Wert verliert. Tatsächlich ist die Motivation umso höher, umso schneller Ergebnisse zu sehen und zu spüren sind. Daher ist es auch wichtig, Zwischenziele zu formulieren. Jedes erreichte Ziel sorgt für eine gesteigerte Zufriedenheit mit sich selbst und sollte dementsprechend belohnt werden.

KLEINE SCHRITTE

Das eigene Verhalten zu ändern, ist natürlich mit einigem Aufwand verbunden. Kleine und große Hindernisse wie Zeitmangel, Stress oder kurzzeitige Durchhänger können die erfolgreiche Änderung erschweren. Der Verhaltensforscher B. J. Fogg hat daher ein Konzept entwickelt, das sich auf kleine Schritte konzentriert. Damit lassen sich kleine Veränderungen leichter und erfolgreicher umsetzen. Das Prinzip entspricht den Wenn-Dann-Plänen, nur dass dabei einige Punkte zu beachten sind: Die Handlung sollte nicht mehr als eine Minute beanspruchen. Sie sollte möglichst einfach und ohne Aufwand praktizierbar sein. Im Idealfall wird sie mehrmals täglich ausgeführt. Dabei ist es am einfachsten, die gewünschte Aktion an ein schon existierendes Ritual anzuschließen. Dieses ist am besten Teil des normalen Tagesablaufes. Besonders geeignet sind als Bezugshandlungen für die Mini-Gewohnheiten, Handlungen, die thematisch zur neuen Gewohnheit passen. So lassen sich Aktivitäten im Bad gut um Pflegegewohnheiten ergänzen oder das Aufstehen um eine kleine Sportübung. Diese „tiny habits“ wie Fogg sie nennt, sollten an eine konkrete Handlung gebunden sein. Sind sie lediglich an Zeiten wie „morgens“ oder „nach der Arbeit“ geknüpft, ist es schwieriger, den Auslöser für das neue Verhalten wieder zu erkennen. Wer die Verhaltensänderung dann noch mit Spaß oder etwas Angenehmen verknüpft, ist auf dem richtigen Weg. Das neue Verhalten bereitet Vergnügen, Erfolge sind schneller wahrzunehmen und motivieren zusätzlich.

IN 14 TAGEN MIT KLEINEN SCHRITTEN GROSSE VERÄNDERUNGEN BEWIRKEN

Das Konzept der tiny habits von Fogg, was sich mit kleinen oder winzigen Gewohnheiten übersetzen lässt, geht von drei kleinen Verhaltensänderungen oder Ergänzungen in einer Woche aus. Die Minigewohnheiten zeigen schon nach einer Woche Resultate. Innerhalb von 14 Tagen lassen sich so sechs Mikrogewohnheiten installieren und der Erfolg führt zu einem Motivationsschub, der Energie für größere Vorhaben freisetzt. Zudem führt das regelmäßige Praktizieren der kleinen Gewohnheiten dazu, dass weitere

Möglichkeiten entdeckt werden. Neue Situationen und Anknüpfungspunkte für Verhaltensweisen, die zielführend sind, treten zutage. So kann mit wenigen und kleinen Schritten innerhalb kurzer Zeit sehr viel erreicht werden und hält die Motivation durch kleine Erfolgserlebnisse hin zum großen Ziel wach. Das Erfolgskonzept besteht darin, sich an folgende Faktoren zu halten: Die Minigewohnheiten sollen kurz und ohne Aufwand auszuführen sein und mindestens einmal täglich praktiziert werden. Die wiederholte Ausführung der Wenn-Dann-Pläne gekoppelt an diese Faktoren führt letztendlich und langfristig zu einer unbewussten Übernahme der Handlung und somit zur Umsetzung der Ziele.

KAPITEL 8

GEDULD BEWAHREN

Wer weiß, wie Gewohnheiten funktionieren, sich seiner eigenen bewusst geworden ist und diese durch Wenn-Dann-Pläne und mit kleinen Schritten in Angriff nimmt, kann dennoch auf Hindernisse stoßen. Denn eine Verhaltensänderung hängt vom eigenen starken Willen ab und der kann durch unvorhergesehene Vorfälle, Stress oder Arbeitsbelastung geschwächt werden. Gewohnheiten lassen sich laut verschiedenen Untersuchungen erst nach mehr als zwei Monaten etablieren. Bei diesen Untersuchungen wurde die Dauer bestimmt, wie lange es braucht, um eine Tätigkeit oder ein Verhalten zu automatisieren. Das durchschnittliche Ergebnis ergab 66 Tage. Es liegt auf der Hand, dass dieses Ergebnis verallgemeinernd ist. Es gibt Menschen, denen es in kürzerer Zeit gelingt und andere benötigen länger. Solche Zahlen sollte niemand als Grundlage für seinen Erfolg oder Misserfolg nehmen. Ebenso ist es nicht als persönliches Scheitern zu werten, wenn gemachte Wenn-Dann-Pläne nicht auf Anhieb funktionieren oder die tiny habits nicht nach einer Woche vollständig automatisiert sind. Es ist von Person zu Person unterschiedlich, wie effektiv die Methoden funktionieren.

ERFOLGE UND SCHWÄCHEN MITVERFOLGEN

Wer seine Ziele über 14 Tage mitverfolgt, wird sich seiner Erfolge und seiner Schwächen bewusst. Wer kleine Erfolge wahrnimmt, verfolgt sein Ziel noch motivierter. Die Schwächen hingegen sind ebenso wichtig. Sie zeigen, ob ein Wenn-Dann-Plan effektiv ist. Erfolgte ein Rückfall in alte Gewohnheiten durch bestimmte Auslöser? Gab es eine besondere Situation, die dazu geführt hat, das neue Verhalten abzulegen? Ist der Wenn-Dann-Plan nicht praktikabel, weil er zu unpräzise ist oder vielleicht zu konkret, dass er bisher gar nicht umzusetzen war? Misserfolge zeigen, wo es einer Änderung bedarf. Das Bewerten der Erfolge hingegen zeigt auch, ob die gewünschten Verhaltensweisen zielrelevant sind. Lässt sich eine Verbesserung feststellen und kann das beabsichtige Verhalten wirklich zum Ziel führen? Um die Erfolge und Schwächen gezielt auf ihre Auswirkungen auf das Erreichen des gesetzten Ziels zu bewerten, ist das Aufschreiben ideal. So lässt sich einfach ein Überblick verschaffen und gegebenenfalls auch zurückblättern, um wiederholte Schwächen aufzuspüren. Je nach persönlicher Affinität hilft dabei das Schreiben eines Erfolgstagebuchs, einer Excelliste, das Aufzeichnen von Grafiken oder das Nutzen von spezieller Software. Durch das Niederschreiben lassen sich Verhaltensweisen besser reflektieren und die gewünschten Reaktionen verankern sich einfacher im Gedächtnis.

SICH NICHT VON MISSERFOLGEN ABSCHRECKEN LASSEN

Zunächst ist es wichtig zu betonen, dass Fehler absolut menschlich sind. Perfektion ist gerade beim Verändern eingefahrenen Verhaltens nicht möglich. Dass bedeutet, das Schwächen und kleine Misserfolge vorkommen können. Ein wichtiger Faktor ist das Durchhalten und Geduld beweisen. Denn auch wenn die tiny habits auf Anhieb gut funktionieren, müssen sie auch langfristig eingeübt werden. Mit der richtigen Einstellung wird es funktionieren. Wer sich zu viel vornimmt, bei dem ist die Chance hoch, dass er scheitert. Es ist bei der Auswertung der Schwächen also auch wichtig, zu überlegen, ob diese auftreten, weil zu viele Verhaltensänderungen auf einmal angegangen werden. Auch wenn Fogg von drei kleinen Schritten pro Woche ausgeht, kann das für bestimmte Personen zu viel sein. Um sein Ziel Schritt für Schritt zu erreichen, ist es wichtig, sich nicht zu überfordern.

POSITIV DENKEN

Scheitern und Misserfolge dürfen nicht überbewertet werden. Aus ihnen lässt sich viel über die eigene Persönlichkeit lernen. Wer Schwierigkeiten mit seiner Disziplin hat, wird das durch das Bewerten seiner Erfolge und Misserfolge feststellen und kann sich ein Stärken der Disziplin als neues oder weiteres Ziel vornehmen. Entscheidend ist, an seinem Entschluss zur Veränderung festzuhalten, an sich selbst zu glauben und nicht aufzugeben. Jeder kleine Erfolg sollte mit einer Belohnung honoriert werden und enorm wichtig ist es, an den Veränderungen auch Spaß zu haben. Wer positiv denkt und das Ziel visualisiert, wird weniger Schwierigkeiten haben, kleine Rückschläge als wichtige Wegetappen zu akzeptieren.

KAPITEL 9

MIT POWER HABITS DURCHSTARTEN

Sie haben nun alles über die produktivsten und effektivsten Power Habits gelernt, die bereits vielen Menschen dabei geholfen haben, erfolgreicher und glücklicher zu werden.

Sie haben gelernt, wie Sie schlechte Gewohnheiten erkennen und neu installieren können. Außerdem wissen Sie nun, wie neue, gute Gewohnheiten ganz leicht angeeignet werden. Ich habe Ihnen gezeigt, welche Routinen Ihre Produktivität und Ihren Selbstwert steigern und wie diese dauerhaft etabliert werden können.

Eine Umstellung und Deinstallierung schlechter Gewohnheiten in neue, konstruktive ist kein leichtes Verfahren, aber mit diesem Buch wird Ihnen der Weg so erleichtert, dass Sie schon bald mit Power Habits Ihr Leben zum großen Erfolg machen können. Lassen Sie die Ausreden beiseite und nehmen Sie jetzt Ihr Leben in die Hand.

Ich hoffe sehr, dass ich Ihr Leben mit den Tipps, die ich Ihnen in diesem Buch gegeben habe, verbessern konnte und würde mich, wenn Ihnen das Buch gefallen hat, sehr über eine Rezension auf Amazon freuen.

Ich wünsche Ihnen viel Erfolg beim Installieren der Power Habits! Üben Sie fleißig und geben Sie nie auf. Ich weiß, dass Sie es schaffen können, genauso wie viele Menschen vor Ihnen!

Jochen Maybach

1.Auflage 2015

Lars Tiefel
Libanonstr. 85
70186 Stuttgart

6806478R00031

Printed in Germany
by Amazon Distribution
GmbH, Leipzig